국립민속박물관

구석구석
우리 옛집

gogo! 체험학습

나는 박물관이 좋다 ❺ 구석구석 우리 옛집

ⓒ즐거운학교 · 오명숙 2004

1판 1쇄_2004년 4월 10일 | **개정 1쇄**_2007년 12월 15일 | **개정 2쇄**_2011년 5월 23일

기획_즐거운학교 | **글**_오명숙 | **그림**_고웅철, 양미정 | **캐릭터**_김상민 | **펴낸이**_강병선

책임편집 _윤석기 원선화 이정원 최윤미 정혜경 | **디자인**_정연화 이현정

마케팅_신정민 서유경 정소영 강병주 | **온라인 마케팅**_이상혁 한민아 장선아

제작_안정숙 서동관 김애진 | **제작처**_한영문화사

펴낸곳_(주)문학동네 | **출판등록**_1993년 10월 22일 제406-2003-045호

주소_413-832 경기도 파주시 교하읍 문발리 파주출판도시 513-8

대표전화_(031)955-8888 | **팩스**_(031)955-8855 | **문의전화**_(031)955-8890(마케팅) (02)3144-3235(편집)

전자우편_kids@munhak.com | **홈페이지**_www.munhak.com | **카페**_cafe.naver.com/kidsmunhak

ISBN_978-89-546-0438-3 64000 | ISBN_978-89-546-0223-5 64000(세트)

이 도서의 국립중앙도서관 출판시도서목록(CIP)은 e-CIP홈페이지(http://www.nl.go.kr/ecip)에서 이용하실 수 있습니다.
(CIP제어번호: CIP2007003503)

국립민속박물관

구석구석
기획 즐거운 학교
글 오명숙 | 그림 고웅철 · 양미정

우리 옛집

go go!
체험학습
나는 박물관이 좋다 ⑤

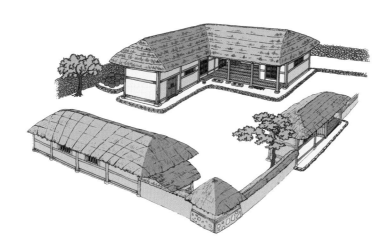

문학동네

집은 사람의 마음을 담는 그릇!

개미, 벌, 새에게 집이 있듯 사람에게도 집이 있어요. 기술이 발전하면서 우리가 사는 집은 점점 달라졌어요. 땅 속 움집에서 땅 위에 높이 솟은 고층 아파트까지, 정말 많은 변화가 있었지요.

집은 기후에 따라 다르게 지어요. 추운 곳에서는 추위를 피하기 위해서, 더운 곳에서는 더위를 피하기 위해서 집의 모양과 쓰임새를 고민하지요.

집은 또 그 집에 사는 사람들이 하는 일에 따라서도 달라요. 오래 전부터 농사를 지어 온 우리 민족은 농사 짓기에 편한 집을 지었어요. 한 곳에 머물며 논밭을 일구어야 하니까 오래오래 살 수 있는 튼튼한 집이 필요했지요. 그러나 유목 생활을 해 온 민족들은 양이나 소의 먹이가 되는 풀들을 찾아 이동해야 했기 때문에, 쉽고 간편하게 지을 수 있는 집에서 살았어요.

집은 누가 사느냐에 따라서도 다르게 생겼어요. 왕이 살았던 궁궐, 부처님을 모시는 절, 양반의 집, 평민의 집은 그 크기와 모양, 짓는 재료가 저마다 달랐답니다.

집은 그 집에 사는 사람의 생각과 마음을 담는 그릇이에요. 우리 전통 집에는 자연과 더불어 살려는 마음과 자연에 감사하는 마음이 담겨 있어요. 또, 마을 사람들끼리 서로 돕고 함께 마을을 지키고자 애쓴 모습도 고스란히 들어 들어 있지요. 우리 옛집을 구석구석 살펴보면서 이와 같은 마음가짐을 배웠으면 해요.

이 책은 국립민속박물관을 돌아보며 우리 집의 역사와 여러 가지 집의 모양, 집의 쓰임새 등을 관찰할 수 있도록 꾸민 책이에요. 박물관 현장 학습에 직접 참여하는 학생들뿐 아니라 현장 학습을 지도하는 선생님과 부모님들께도 도움이 될 거예요. 박물관에 가기 전에 미리 읽으면서, 박물관에서 무엇을 보고 올지 정해 보세요. 또, 박물관에 다녀온 뒤에도 곁에 두고 잘 몰랐던 부분을 채워 나가기를 바랍니다.

오명숙

차례

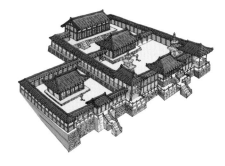

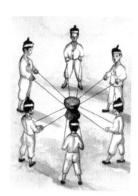

국립민속박물관 전시실 배치도

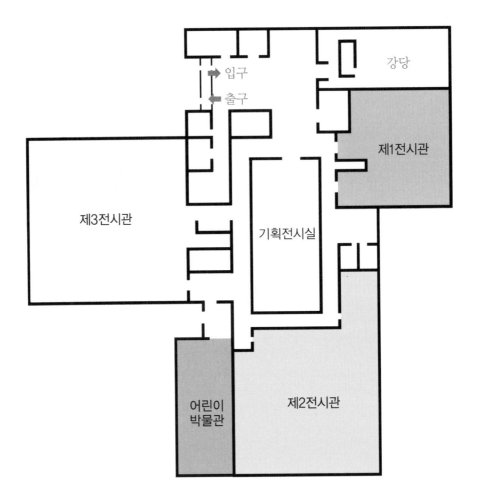

입구
출구

강당

제1전시관

제3전시관

기획전시실

어린이
박물관

제2전시관

떠나기 전에 둘러보세요!

국립민속박물관   www.nfm.go.kr
서울역사박물관   www.museum.seoul.kr
한옥문화원   www.hanok.org

1

끊임없이 진화해 온 집

1. 땅 속에 집을 짓다

옛날 사람들은 어떤 집에 살았을까요? 이리저리 먹을 것을 찾아 이동하며 살던 구석기 시대에는 동굴에서 살았어요. 하지만 농사를 짓기 시작하면서 한 곳에 머물러야 했기 때문에 집이 필요했어요. 물도 쉽게 얻을 수 있고, 물고기도 잡을 수 있고, 농사도 잘 되

움집

는 기름진 땅이 있는 강변에 주로 집터를 마련했지요. 이 무렵에는 땅 위에 기둥을 똑바로 세울 수 있는 기술이 없었기 때문에 땅을 파고 기둥을 세운 다음 지붕을 얹는 '움집'을 지었어요.

움집의 집터는 대개 둥근 모양이에요. 가족들이 한 집에 모두 같이 살았어요. 집 안 한가운데에는 화덕을 놓아 방을 따뜻하게 하기도 하고 화덕을 이용해서 음식도 만들어 먹었어요. 창문이 따로 없었기 때문에, 집 안에서 불을 피울 때 나는 연기가 빠져 나가도록 지붕에는 조그만 구멍을 냈어요. 지붕은 주변에서 쉽게 구할 수 있는 풀들을 엮어 만들었지요. 또, 발굴된 집터 중에는 5~6채의 움집이 함께 모여 있는 곳도 있어요.

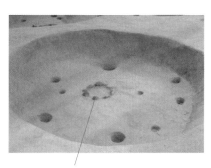

화덕이 있던 자리

2. 땅 위에 집을 짓다

기둥을 똑바로 세울 수 있는 기술을 익히면서부터 땅 위에 집을 짓기 시작했어요.

기둥을 수직으로 세우지 못하면 여러 가지 문제가 생겨요. 지붕의 무게를 못 이겨 집이 무너지기도

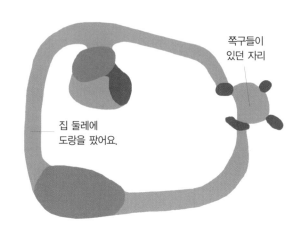

쪽구들이 있던 자리

집 둘레에 도랑을 팠어요.

하고, 세찬 바람에 쓰러지기도 하지요.

이 시기의 집터들은 직사각형이거나 육각형 모양이에요. 집 안에 있던 화덕은 없어졌어요. 화덕 대신 온돌을 놓기 시작했는데, 이 때 온돌은 방 전체를 덥히는 온돌이 아닌, 한쪽만 따뜻하게 하는 쪽구들이었어요.

 이러한 집에는 기둥을 어떻게 세웠을까요? 다음 집터 중 기둥 자리가 맞게 그려진 것을 골라 보세요.

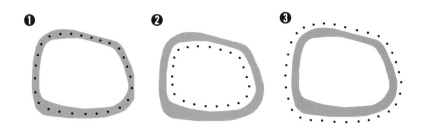

❶ ❷ ❸

❸ 닭정

3. 발전하는 건축 기술

이층집도 지었어요

우리 전통 집 중에도 이
층집이 있어요. 부경이나
누각이 그런 집이지요.

가을에 곡식을 거두어
들이면 일 년 동안 썩지 않
도록 잘 보관하기 위해 따
로 집을 지었어요. 이처럼
곡식을 보관하는 집을 '부
경'이라고 해요. 부경은 바

누각

람이 잘 통하고 햇볕이 잘 들도록 땅 위에 기둥을 높이 세워 지었어요.

'누각' 역시 부경처럼 높이 지은 집이었지만 그 쓰임새는 달랐어요. 대개
큰 나무나 연못 곁에 사방이 탁 트이도록 지어, 손님을 초대해 풍류를 즐기거
나 학문을 토론하는 장소로 이용했지요. 누각은 자연과 함께하려는 옛사람들
의 생각이 깃든 집이랍니다.

다리를 놓고 성도 쌓아요

집 짓는 기술과 함께 다리를 놓는 기술도 점점 발달했어요. 다리는 나무로
만들기도 하지만, 대개는 물에도 썩지 않는 돌로 만들었어요.

마을을 지키기 위해 산이나 마을 경계에 성을 쌓기도 했어요. 처음에는 흙
으로 만들었지만, 튼튼하게 쌓기 위해 차차 돌로 만들게 되었지요.

2 구석구석 살펴본 우리 집

장독대

외양간, 헛간

부엌

ㄱ자 초가집이군!

집 안으로 들어가려면 가장 먼저 대문을 지나지요? 이제 대문부터 시작해 집 안 곳곳을 함께 둘러보기로 해요. 집 안 곳곳을 무엇이라고 부르는지, 누가 사용하는지, 어떻게 쓰는지 하나씩 알아봐요.

뒤꼍

안방

마루

뜰

사랑방

마당

담장

뒷간(변소)

대문

한옥은 사람이 사는 '살림채'와 가축을 기르거나 물건을 보관하는 '부속채'로 구분되어 있어.

삐그덕 대문

집의 안과 밖, 그리고 집과 집을 구분하는 곳이 바로 대문이에요. 우리 옛집의 문에는 낯선 사람이 들어오지 못하게 막는 기능과 함께 집의 안과 밖을 구분하는 경계의 기능이 있었어요. 누구든 뛰어넘을 수 있게 생긴 제주도 지방의 대문은 집 안에 사람이 있는지 없는지를 표시하는 기능까지 갖추고 있었어요.

사립문

제주도의 대문(정랑)

나무 막대가 걸려 있지 않으면 집에 사람이 있다는 뜻, 한 개나 두 개 걸려 있으면 집 가까이에 있다는 뜻, 그리고 세 개 다 걸려 있으면 집을 비우고 멀리 갔다는 뜻이에요!

집을 비웠다는 표시를 일부러 해 두다니! 제주도엔 도둑이 없었나 봐요!

사립문은 다음 중 어떤 집의 대문으로 알맞을까요?

❶ 기와집 **❷** 초가집 **❸** 궁궐

너른 마당

마당에서는 곡식을 다듬기도 하고, 널어 놓기도 했어요. 마당은 어린이들의 좋은 놀이터이기도 했지요. 가족들의 혼례나 회갑이 돌아오면, 마당에 멍석을 깔고 잔치를 열었어요. 그런 큰 행사가 있는 날이면 많은 마을 사람들이 마당에 모여 다 함께 축하해 주었어요.

정답 ❷

15

옹기종기 뜰

마루에 올라가기 전 신발을 벗어 놓는 곳으로, 마당보다 한 단 정도 높아요. 뜨락이라고도 하지요.

우리 나라 집에는 모두 뜰이 있었어요. 마당에서 마루로 바로 올라서지 않았지요!

초가집의 뜰

기와집의 뜰

뜰

댓돌

아하! 요즘 집에 있는 현관 같은 거구나!

어머니가 쓰는 안방

안방은 주로 집안의 안주인, 즉 어머니가 썼어요. 대개 부엌 바로 옆이나 부엌 가까이에 있었어요.

 ## 안방의 일곱 친구, 규방칠우

어머니가 안방에서 하는 일을 돕는 일곱 친구들이 있어요. 실과 바늘, 가위, 골무, 자, 인두와 다리미는 옷을 짓고 손질하는 데 없어서는 안 될 도구로 '규방칠우'라고 불렀어요. '규방(안방)의 일곱 친구'라는 뜻이지요.

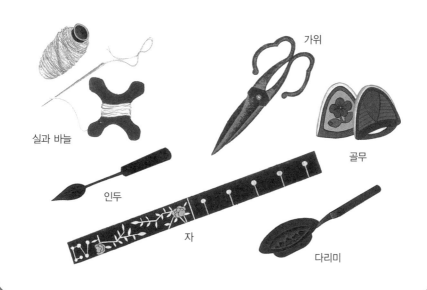

실과 바늘

가위

골무

인두

자

다리미

아버지가 쓰는 사랑방

'건넌방'이라고도 부르는 사랑방은 부엌과는 조금 멀리 떨어지고 대문과는 가까운 곳에 있어요. 사랑방에는 주로 남자들이 머물렀어요. 손님이 오시면 사랑방에서 대접을 했지요.

초가집 사랑방

 다음 중 사랑방에서 보기 어려운 물건은 무엇일까요?

❶ 반짇고리   ❷ 담뱃대   ❸ 갓집

양반집 사랑방

❶ 답정

18

모두 모이는 마루

마루는 가족들이 모두 모이는 장소예요. 방과 방을 연결하는 곳이지요. 제사를 지내거나 가족들의 중요한 행사가 있을 때는 주로 마루에 모여요. 넓은 마루를 일컬어 '대청'이라고 한답니다.

 다음 중 마루에 있어야 할 물건이 아닌 것은 무엇일까요?

❶ 대야   ❷ 뒤주   ❸ 화로

❶ 정답

달그락 부엌

부엌에서 일을 하는 사람들은 대개 여자들이었어요. 남자들은 농사를 짓거나 땔감을 준비하는 등 바깥일을 했어요. 음식을 만드는 것 외에도 옷감을 짜거나 옷을 만드는 일도 여자들의 몫이었죠.

 다음 중 부엌에 있어야 할 물건이 아닌 것은 무엇일까요?

❶ 쌀을 보관하는 뒤주

❷ 쌀을 이는 조리

❸ 설거지를 하는 개수통

❹ 떡을 찌는 시루

너무 어렵다고?
바로 앞에 나온 마루의 살림살이들을
잘 살펴보면 알 수 있지!

❶ 답정

20

높다란 다락

다락은 대개 부엌 위쪽에 있어요. 주로 안방 아랫목 쪽의 벽, 그러니까 부엌과 맞댄 벽에 다락으로 통하는 문을 냈지요. 꿀 같은 귀한 음식이나 술병, 철 지난 살림살이들, 오랫동안 쓰지 않는 물건들을 보관해 두었어요.

와! 여기 숨어 있으면
아무도 못 찾겠다.

살금살금 뒤꼍

집 뒤에 있는 뜰이나 마당을 뒤꼍이라고 해요. 뒤꼍에는 무엇이 있을까요? 크고 작은 항아리가 장독대 위에 사이좋게 모여 있어요. 주렁주렁 맛있는 열매가 열리는 나무들도 자라고 있지요.

뱅뱅 돌아 담장

대문만 두고 마당, 안채, 뒤꼍을 모두 둘러 놓은 울타리가 바로 담장이에요. 담장은 돌이나 흙을 쌓아 만들기도 했고, 싸리나무 등의 나뭇가지를 엮어 만들기도 했어요.

뿌지직 뒷간

불쾌한 냄새가 나는 화장실을 멀리하고 싶은 것은 당연하겠죠? 그래서 뒷간은 방과 부엌에서 멀리 떨어진 곳에 두었어요.

오줌 장군
(똥오줌을 담아 두는 통)

양반집 뒷간

제주도의 똥돼지 뒷간

우리 조상들은 똥오줌도 헛되이 버리지 않았어요. 똥오줌은 곡식과 채소를 쑥쑥 자라게 하는 좋은 거름이자, 돼지들의 먹이가 되었지요.

go go! 3 넓은 집, 좁은 집, 특별한 집

1. 대궐과 절

대궐

대궐에는 누가 살았을까요? 나라에서 가장 높은 자리에 있던 왕이 살았어요. 대궐의 크기나 모습은 시대마다 조금씩 다르지만, 대부분 기와집으로 이루어졌어요. 기와집은 초가집보다 만들기도 어렵고, 짓는 데 비용도 많이 들었지요. 하지만 한 번 만들어 놓으면 오래도록 쓸 수 있었어요.

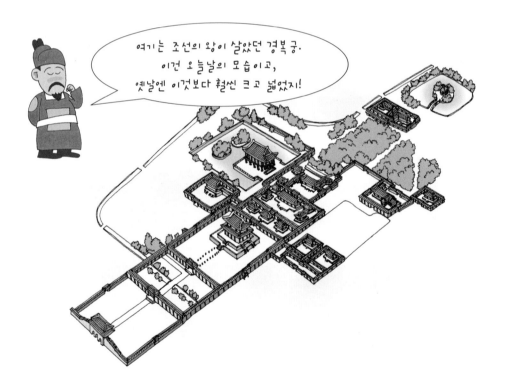

여기는 조선의 왕이 살았던 경복궁.
이건 오늘날의 모습이고,
옛날엔 이것보다 훨씬 크고 넓었지!

절

　절도 대궐과 마찬가지로 일반적인 집에 비해서 웅장하고 크지요. 절은 부처님의 훌륭한 뜻을 배우고 실천하기 위해 많은 사람들이 모여 드는 곳이기 때문에 커다랗게 지었어요. 절에 있는 여러 가지 무늬와 건물들의 위치는 저마다 깊은 뜻을 담고 있답니다.

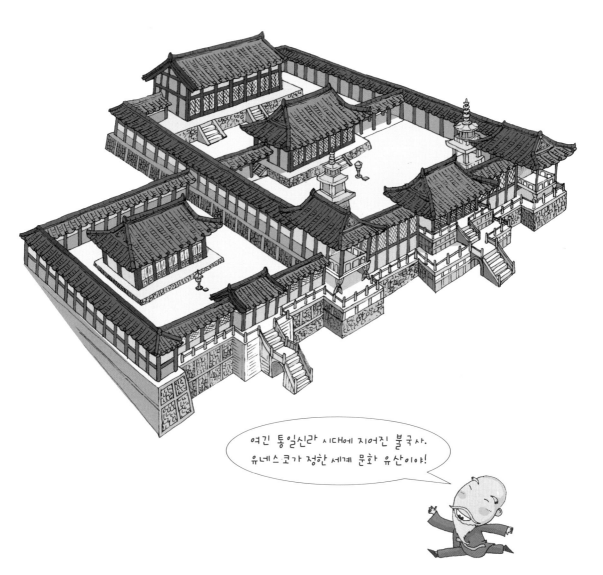

2. 양반의 집과 평민의 집

양반의 집

양반들이 사는 집을 반가라고 불러요. 집의 크기는 칸 수로 결정하는데, 반가는 칸 수가 많은 큰 집이지요. 하지만 왕이 사는 대궐보다 커서는 안 되었어요. 왕이 사는 대궐은 100칸이 넘게 지었지만, 양반들이 사는 집은 99칸을 넘지 못하도록 정해져 있었지요. ◐ '칸'이 무엇인지 궁금하다면 38쪽을 보세요.

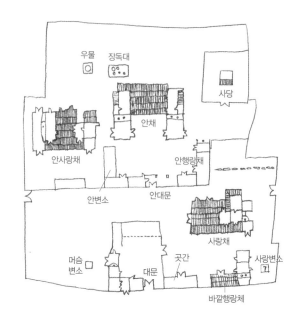

우물 장독대
사당
안채
안사랑채
안행랑채
안변소 안대문
사랑채
머슴변소 곳간 사랑변소
대문
바깥행랑체

기와집

평민의 집

양반들이 기와집에 살았다면, 평민들은 대부분 초가집에 살았어요. 초가집은 주로 세 칸짜리가 많았어요. 세 칸짜리 집에는 부엌과 안방(아랫방), 윗방 정도가 있었어요.

집의 모양과 지붕을 만드는 재료는 고장에 따라 조금씩 달랐어요. 하지만 대부분은 주변에서 쉽게 구할 수 있는 재료를 이용했지요.

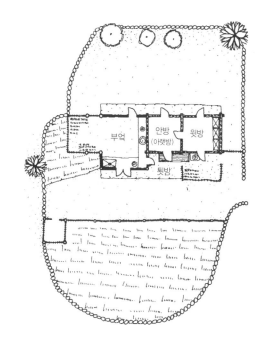

초가집

3. 특별한 집

곳간

곡식을 넣어 두는 곳으로, 바람이 잘 통하고 서늘하며 습기가 차지 않는 터를 골라 지었어요. 땅에서 올라오는 습기를 막기 위해 되도록 땅에서 높이 짓는 것이 특징이지요.

헛간

농기구나 씨앗을 보관하는 곳으로, 대개 따로 문을 달지 않아 열려 있는 공간이에요. 헛간과 뒷간을 같이 붙여 짓는 경우가 많았어요.

외양간과 개집

소는 농사를 지을 때 힘든 일을 대신해 주는 고마운 가축이지요. 우리 조상들은 청동기 시대부터 소를 가축으로 키워 왔어요. 소를 먹이고 기르는 집이 바로 외양간이지요.

주인을 잘 따르고 집도 지켜 주는 개는 몸집이 그리 크지 않아요. 그래서 조상들은 나무를 상자 모양으로 짜거나 짚을 엮어 집을 만들어 주었어요.

4 이런 집 저런 집

집을 짓는 방법에 따라, 집이 놓인 모양에 따라, 지붕의 재료에 따라 집 이름을 지었어요.

1. 재미있는 집

귀틀집

귀틀집은 통나무를 포개어 쌓아올린 집이에요. 집을 쌓는 목재들의 귀퉁이를 맞추어 층층이 얹고 그 틈만 흙으로 메워 지은 집이지요.

귀틀집

까치구멍집 지붕 모양

까치구멍집

까치구멍집은 지붕에 구멍이 뚫린 집이에요. 추운 지방의 집은 추위를 막기 위해 겹겹이 벽을 쌓았기 때문에 공기도 잘 빠지지 않고 햇빛도 잘 들어오지 않았어요. 그래서 지붕에 '까치구멍'이라는 창을 만들어 이런 문제들을 해결한 것이지요.

❶강원도
❷서울
❸안동
❹제주도

🔵 국립민속박물관 제2전시관을 보세요.

까치구멍집은 다음 중 어느 고장에 있던 집일까요?

❶ 답정

2. 집이 놓인 모양에 따라 붙인 이름

위에서 내려다보았을 때, 집이 놓인 모양이 한 일(一)자 모양이면 一자 집, ㄱ자 모양이면 ㄱ자 집, ㄷ자 모양이면 ㄷ자 집이라고 불렀어요.

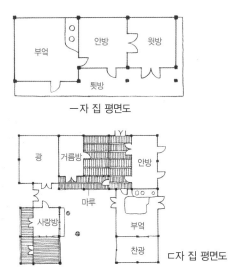

一자 집 평면도

ㄷ자 집 평면도

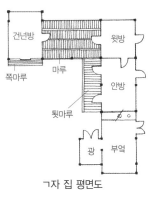

ㄱ자 집 평면도

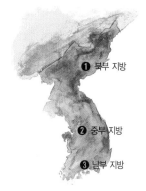

❶ 북부 지방
❷ 중부 지방
❸ 남부 지방

다음 물음에 답해 보세요.

1. 一자 집은 어느 고장의 집일까요?

2. ㄱ자 집은 어느 고장의 집일까요?

3. 보기에서 알맞은 말을 골라 빈 칸에 넣어 보세요.

(보기) 온돌방 부엌 뒤꼍 마루

기후 변화가 큰 지역의 ㄱ자 집에서 사람들은 여름에는 주로 (   )를, 겨울에는 주로 (   )을 이용했어요.

3. 지방에 따라 다른 집

다음은 어떤 지방에서 볼 수 있는 집들일까요? 집의 생김새와 재료를 잘 보고 맞는 것끼리 줄로 이어 보세요.

너와집

우데기집

❶ 강원도

❷ 울릉도

❹ 전국 모든 지방

새집

❸ 제주도

초가집

31

겹집과 홑집

겹집은 두 겹으로 되어 있는 집으로, 추운 고장에 많았어요. 봉당, 외양간 등이 모두 한 집에 붙어 있는 겹집은 요즘 아파트와 비슷한 구조를 갖고 있지요. 겹집에서 볼 수 있는 정줏간(정지)은 부엌과 연결되어 있는 온돌방으로, 가족들이 모여 식사를 하는 장소예요. 또, 봉당은 마루를 놓지 않고 흙바닥 그대로 둔 곳으로, 마당과 같은 곳이지요.

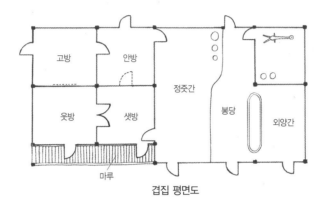

겹집 평면도

아파트 구조와 어떤 점이 다르고 어떤 점이 닮았는지 비교해 보세요.

아파트 평면도

홑집은 한 겹으로 이루어져 있고 한 줄로 배치되어 있어요. 더운 고장에서 많이 지었지요. 헛간, 곳간 등이 있는 바깥채와 부엌, 안방 등이 있는 안채가 따로 떨어져 있는 구조예요.

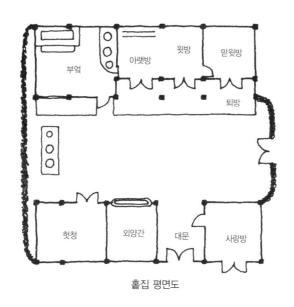

홑집 평면도

우데기집

　을릉도 지방에서 볼 수 있는 집이에요. 울릉도에는 바람이 강하게 불고 특히 눈과 비가 많이 내려요. 따라서 쌓인 눈의 무게를 이기도록 지붕 안쪽에 기둥을 여러 개 세웠고, 짚으로 외벽을 만들어 추위를 막았지요. 집을 둘러싼 통로가 생기기 때문에, 눈이 많이 와서 집 안에 갇히게 되더라도 활동 공간이 조금 더 생기게 되는 셈이에요.

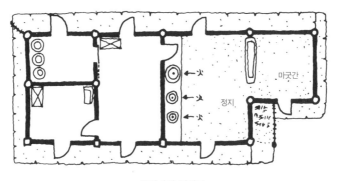

우데기집 평면도

새집

억새풀로 지붕을 만들어 얹은 집으로, 제주도에서 많이 지었어요. 제주도의 집은 대부분 안커리와 밖커리로 나뉘는 것이 특징이에요. 아들이 결혼을 하면 부모 집에서 분가를 시키되, 한 울타리 안에서 함께 살 수 있도록 지은 집의 구조가 바로 안커리, 밖커리 구조이지요.

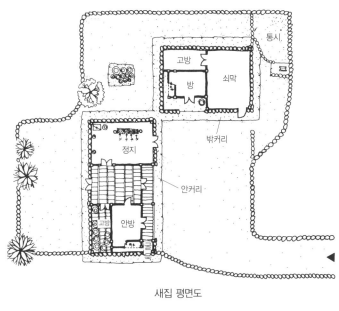

새집 평면도

초가집

볏짚을 엮어 지붕을 인 집이에요.

볏짚

기와집

흙을 구워 만든 암키와와 수키와로 지붕을 인 집이에요.

기와

너와집

나무를 기와처럼 켜서 지붕을 인 집이에요.

너와

© 정민영

굴피집

나무 껍질로 지붕을 인 집이에요.

나무 껍질

청석집

청석(점판암)이라는 돌을 지붕에 얹어 놓은 집이에요.

청석 지붕 연자방앗간

청석

go go!

5 뚝딱뚝딱 집 짓기

1. 집을 짓기 전에

집을 짓기 전에 어떤 재료를 쓸지, 지붕 모양은 어떻게 할지, 어느 방향으로 지을지 미리 정해야 돼요. 여름에는 볕이 덜 들어 시원하고, 겨울에는 햇빛을 많이 받아 따뜻하게 지내기 위해서 남쪽을 향하도록 집을 짓는 경우가 많아요.

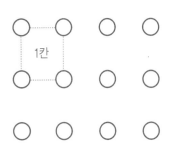

1칸

또, 몇 칸짜리 집을 지을지도 정해야 해요. 칸 수가 방의 개수를 말하는 걸까요? 아니랍니다. 네 개의 기둥으로 둘러싸인 기둥과 기둥 사이를 한 칸, 또는 한 간(間)이라고 해요. 왼쪽 그림을 보세요. 이렇게 기둥이 있으면 몇 칸짜리 집일까요? 가로 세 칸, 세로 두 칸이니까, 모두 여섯 칸짜리 집이 되는 거지요.

'초가삼간'이라는 말이 있지요? 이 말은 세 칸짜리 초가집이라는 뜻이에요. 초가삼간을 지으려면 모두 몇 개의 기둥이 필요할까요? 위 그림처럼 그려서 직접 헤아려 보세요.

정답 8개

38

2. 울퉁불퉁 터 닦기

집의 크기를 결정하는 칸 수가 정해지면 집터를 마련해요. 집을 짓기 전에 달고로 터를 다지지요. 터를 잘 다지지 않으면 아무리 튼튼하게 지어 올려도 집이 내려앉을 수 있어요. 그만큼 터를 다지는 일이 중요해요.

달고로 터를 다지는 모습

달고질은 힘센 장정 여럿이서 힘을 모아야 쓸 수 있는 기술이야.

3. 기단 쌓고 주춧돌 놓기

　기단은 집을 지을 터를 다듬은 다음에 터보다 한 층 높이 쌓은 단이에요. 기단은 방에 불을 때면서부터 발달했어요. 아궁이가 땅 밑에 있어 습기 때문에 불을 지필 수 없게 되자, 구들을 땅 위로 높이면서 기단이 생겨난 것이지요.

　땅에 기둥을 직접 박아 지은 움집은 기둥이 쉽게 썩었어요. 그래서 기둥이 썩지 않고 오래가는 방법을 찾다가, 돌을 놓은 다음 그 위에 기둥을 세우는 방법을 생각해 낸 거예요. 이렇게 기둥을 받치고 있는 돌을 주춧돌이라고 해요.

4. 기둥 바로 세우기

　옛날에는 기둥을 지동, 긴, 기디, 기둥이라고도 불렀어요. 기둥은 지붕의 무게를 땅에 전달하는 것으로, 반드시 수직으로 세워야 해요. 기둥으로 쓰는 나무를 세울 때는 나무가 자라는 방향과 같은 방향으로 세워요. 그래야 기둥이 비틀리거나 갈라지지 않아요.

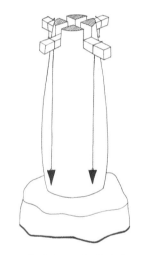

'다림보기' 방법으로 기둥을 수직으로 세우는 모습

5. 주춧돌에 수직으로 기둥 앉히기

　그랭이질은 주춧돌과 나무 기둥의 밑면이 빈틈없이 꼭 맞도록 나무 기둥 밑면을 깎는 작업이에요. 주춧돌의 울퉁불퉁한 윗면 굴곡을 그대로 따라 나무를 깎아 다듬는 것이지요. 그랭이질을 할 때는 컴퍼스처럼 생긴 그랭이칼

을 이용해요. 그랭이칼의 한쪽 다
리를 주춧돌에 놓고, 한쪽 다리는
기둥을 따라 돌리면 주춧돌의 굴
곡에 따라 기둥에 먹선이 그려져
요. 이 선을 따라 끌로 나무를 깎
아 내면 기둥 밑면이 주춧돌과 꼭
맞게 되지요.

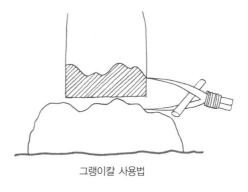

그랭이칼 사용법

그랭이질을 한 기둥

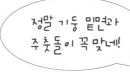

정말 기둥 밑면과
주춧돌이 꼭 맞네!

그래야 기둥이 바로 서지.
안 그러면 집이 무너질 수도 있어!

6. 튼튼한 뼈대 만들기

뼈대를 만드는 목재로는 기둥, 보, 도리 등이 있어요. 정면에서 기둥의 수를 세면 몇 칸짜리 집인지 알 수 있지요. 정면이 아닌 옆면에서 도리의 수를 세면 몇 량짜리 집인지 알 수 있고요. 도리는 집을 지을 때 보와 직각으로 얹는 나무로, 서까래를 받치는 역할을 해요. 량 수는 지붕의 기울기와 집의 크기를 결정하지요.

도리의 수가 세 개면 3량집, 다섯 개이면 5량집이라고 해요. 도리 수에 따라 집의 크기나 지붕의 높이가 달라져요.

3량집

5량집

7량집

7. 굵직굵직한 대들보 놓기

보는 집의 앞뒤 기둥을 연결하는 수평 목재예요. 수직 목재 중 가장 중요한 것이 기둥이라면, 수평 목재 중에는 보가 가장 중요해요. 대들보 위에는 중보와 종보 등이 놓여 뼈대를 만들어 가지요.

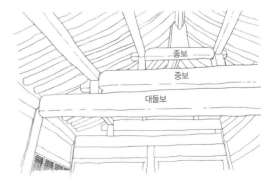

종보

중보

대들보

8. 아름다운 지붕 이기

처마

서까래가 기둥 밖으로 나온 부분을 말해요. 기둥 뿌리에서 처마 끝까지는 보통 28~33도 정도의 각을 이루지요. 처마가 깊으면 여름에 햇볕이 집 안까지 들어오지 않아 시원하게 보낼 수 있어요. 서까래 끝에 부연이라는 서까래를 덧달아 낸 처마는 겹처마, 부연이 없는 처마는 홑처마라고 불렀어요. 궁궐이나 절에서는 주로 겹처마로 지붕을 꾸몄어요.

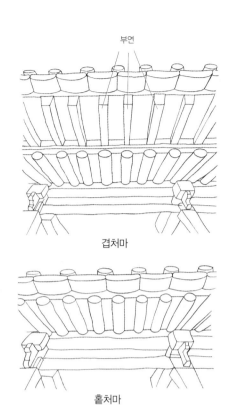

부연

겹처마

홑처마

추녀와 평고대

집의 네 귀퉁이 기둥 위에서 끝이 위로 들린 큰 서까래를 추녀라고 해요. 또 네 뒤퉁이의 추녀와 추녀를 연결하는 나무를 평고대라고 하지요. 한옥의 지붕은 곡선이 아름답기로 유명하지요. 그런 곡선을 만들려면, 평고대를 자연스러운 곡선 모양으로 깎아야 했답니다.

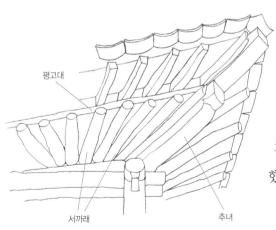

평고대

서까래

추녀

여러 가지 지붕 모양

맞배지붕

집의 앞뒤면에서만 지붕이 보여서 마치 책을 엎어 놓은 듯한 모양이지요.

사방에서 모두 지붕 모양을 볼 수 있어요. 초가집은 대개 우진각지붕이지요.

우진각지붕

초가지붕

가장 화려하고 아름다운 지붕이지요. 크고 높은 집에 많이 올렸어요.

팔작지붕

사모지붕

육모지붕

팔모지붕

이런 지붕들은 하나의 꼭지점을 가지고 있어요.

지붕마루

줄줄이 이은 기와로 이루어
진 지붕면이 만나는 부분을 지
붕마루라고 해요. 앞지붕과 뒷
지붕이 만나는 지붕의 가장 높
은 곳은 용마루라고 하고, 지붕
의 양쪽 마무리를 짓는 지붕마

용마루   내림마루   추녀마루

경복궁 자선당 지붕

루는 내림마루, 지붕 모서리의 마루는 추녀마루라고 불러요.

기와

기와에는 암키와와 수키와가 있어요. 지붕의 바닥면에 깔리는 기와를 암키
와라고 하고, 암키와와 암키와 사이를 덮어 주는 반원 모양의 기와를 수키와라
고 해요. 추녀 끝에는 끝을 마무리하는 특별한 모양의 마구리기와를 놓았어요.
암키와의 마구리기와는 혀를 내민 모양으로 암막새, 수키와의 마구리기와는
동그란 모양으로 수막새라고 하지요.

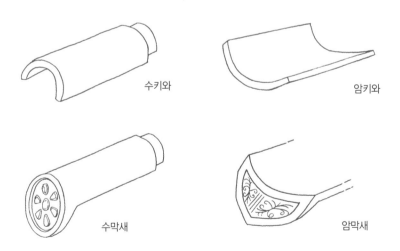

수키와   암키와

수막새   암막새

9. 매끈매끈 벽 바르기

이제 기둥과 기둥 사이에
벽을 세워요. 수숫대나 싸릿
대를 엮어 세우고 양쪽에 흙
을 바르지요. 벽에 바를 흙
에는 미리 볏짚을 썰어 넣어
이겨 놓아요. 그래야 흙이
마른 뒤 갈라지거나 트지 않

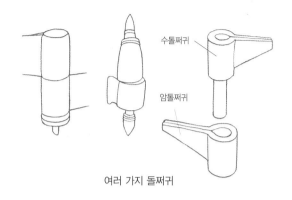

수톨쩌귀

암톨쩌귀

여러 가지 돌쩌귀

거든요. 벽을 만든 다음에는 흙손으로 매끄럽게 마감을 하지요. 그리고 창이
나 문을 만들 자리에는 문설주를 세워 암톨쩌귀를 박아요. 창과 문에는 수톨
쩌귀를 박아요.

10. 반들반들 바닥 만들기

바닥을 놓으려면 먼저 고래를 만
들어요. 고래는 아궁이에 불을 지폈
을 때 그 불길과 연기가 빠져나가게
하는 고랑이에요. 그 열기로 방을
덥히는 구조가 바로 온돌이지요. 고
래 위에 구들장을 깔고 그 위에 흙
을 발라 매끄럽게 마감해요. 그 다

장판 바른 방

음 다시 장판을 바르지요. 장판으로는 대개 한지를 쓰는데, 찢어지거나 물기
가 배어들지 않도록 콩을 갈아 들기름을 섞어 바른답니다.

go go! 6 편리하고 아름다운 우리 집

한옥을 구석구석 살펴보면, 조상들의 과학적인 집 짓기 기술에 놀라지 않을 수 없어요. 우리 한옥은 자연을 해치지 않고 지혜롭게 지은, 자연과 닮은 집이에요. 날씨와 기후를 최대한 이용하여 여름에는 시원하게, 겨울에는 따뜻하게 지낼 수 있도록 지었어요.

1. 따끈따끈 온돌

돌을 불에 달궈서 오랫동안 그 열이 식지 않게 하는 온돌은 우리 나라의 전통적인 난방 방법이에요. 고구려 시대의 주거 유물을 보면 그 때 이미 온돌을 사용했다는 것을 알 수 있어요. 하지만 고구려 시대의 온돌은 한쪽에만 온돌

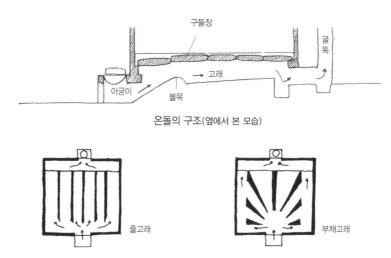

구들장
굴뚝
아궁이
불목
고래

온돌의 구조(옆에서 본 모습)

줄고래

부채고래

온돌의 구조(위에서 본 모습)

을 깐 쪽구들이었고, 방 전체에 구들을 깔기 시작한 것은 고려 시대로 추측하고 있어요.

부엌 아궁이에 불을 때면 그 불길이 고래를 따라 굴뚝까지 빠져 나가면서 방바닥도 따뜻하게 하지요. 구들장을 데워 방을 따뜻하게 데울 때 돌과 진흙에서 나오는 원적외선은 건강에 좋아요. 또, 아랫목과 윗목의 온도 차이로 방 안의 공기가 계속 순환하기 때문에 쾌적함을 느낄 수 있지요. 이 밖에도 부엌 아궁이에 불을 때면 음식도 만들 수 있어요. 온돌은 여러 모로 과학적인 난방법이에요.

요즘 온돌의 구조도 옛날과 크게 다르지 않아. 자, 봐!

방도 데우고, 음식도 만든다고? 정말 놀랍다!

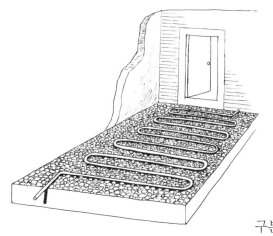

오늘날 대부분의 집에서 온돌 파이프를 이용한 난방을 하고 있어요. 파이프 안에 흐르는 물의 온도에 따라 방바닥의 온도가 달라지지요. 현대 온돌은 전통 온돌처럼 아랫목, 윗목의 구분이 없어요.

오늘날 쓰고 있는 온돌 파이프의 구조

2. 모락모락 굴뚝

굴뚝은 아궁이에서 나오는 연기를 내보내는 장치이지만, 아궁이의 불을 빨아들이는 역할을 하기도 해요. 굴뚝을 높게 만들수록 불을 잘 빨아들이지요. 굴뚝은 한옥에서 볼 수 있는 특징적인 구조로, 그 모양과 생김새가 매우 다양해요.

앉은뱅이 굴뚝

기와를 쌓아 올려 만든 와편굴뚝

경복궁 아미산 굴뚝

3. 사뿐사뿐 마루

마루는 날씨가 따뜻한 남쪽 지방에서 발달했어요. 여름을 시원하게 보내기 위해서 마루를 놓았지요. 마루를 놓는 방법에 따라 우물마루와 장마루로 나누고, 쓰임새에 따라 대청마루·툇마루·쪽마루·들마루·누마루 등으로 나누어요.

우물마루

대부분의 한옥은 우물마루를 지니고 있어요. 마루를 놓은 모양이 우물 정(井)자와 같다고 해서 붙여진 이름이에요. 사계절이 뚜렷한 우리 나라 날씨에 알맞은 마루이지요.

장마루

폭이 좁고 긴 마룻장을 한 줄로 이어 붙여 깐 마루예요. 우리 나라에서는 길고 곧게 자란 나무를 쉽게 구할 수 없어서 자연히 장마루보다는 우물마루를 많이 썼어요. 길이가 비교적 짧은 툇마루나 쪽마루에서는 장마루 형식을 볼 수 있지요. 우리 나라와는 달리 중국과 일본에서는 장마루를 많이 썼어요.

대청마루

대청마루는 큰 마루라는 뜻이에요. 대개 안방과 건넌방 사이에 대청마루가 있지요.

대청과 방 사이에는 분합문을 달았어요. 분합문은 공간을 나누기도 하고 합치기도 하는 편리한 문이에요. 여름철이나 행사가 있을 때 문을 위로 걸어 놓으면 방과 마루가 이어져 탁 트인 넓은 공간으로 쓸 수 있지요.

퇴기둥

툇마루

바깥에 나와 있는 좁은 마루예요. 툇마루는 안방과 건넌방, 대청 등을 연결하지요. 신을 벗지 않은 채 걸터앉을 수도 있어요.

쪽마루

툇마루처럼 덧달아 낸 마루예요. 툇마루와 달리 툇기둥은 없고, '동바리'가 마루를 받치고 있어요. 동바리는 마루나 좌판 밑을 받치는 짧은 기둥이에요.

동바리

들마루

방문 앞에 잇따라 들인 쪽마루
예요. 다른 곳으로 움직일 수 있는
마루이지요. 주로 여름철에 평상
처럼 밖에 꺼내 놓고 써요.

누마루

땅에서 높이 띄워, 습기를 피하
고 바람이 잘 통하도록 만든 누각
의 마루를 누마루라고 해요.

누마루

1. 제2전시관 초가 전시물을 보세요. 어떤 마루인지 골라 보세요.

❶ 대청마루　　❷ 툇마루　　❸ 쪽마루　　❹ 누마루

2. 제2전시관 양반 가옥 전시물을 보세요. 안방 곁에 있는 대청마루
는 어떤 마루인가요?

❶ 우물마루　　❷ 장마루　　❸ 누마루　　❹ 툇마루

정답 ❸/❶

4. 달캉달캉 문

솟을대문

대문에도 여러 종류가 있어요. 솟을대문은 양반들이 초헌을 타고 다닐 때 머리가 닿지 않도록 높게 만든 대문이에요. 평대문은 높지 않은 평범한 대문이지요. 또, 여러 개의 건물로 이루어진 큰 집이 담으로 나뉘어 있을 때, 담에 만들어진 문을 중문이라고 해요. 사립문은 나뭇가지를 엮어서 만든 문짝을 단 소박한 대문으로, 대개 평민들의 집에서 볼 수 있지요.

중문

사립문

불발기문

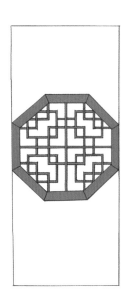

대청과 방 사이에 있는 분합문은 대개 불발기문이에요. 문 가운데 팔각형이나 사각형의 불발기창이 있는 문을 불발기문이라고 해요.

만살문

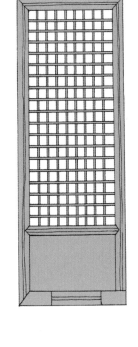

정자살문이라고도 해요. 세로 살과 가로 살이 문 안에 꽉 찬 문이지요. 절의 대웅전 같은 곳에서 많이 볼 수 있어요. 또 살대를 45도 방향으로 엮은 문은 빗살문(교살문)이라고 해요.

세살문

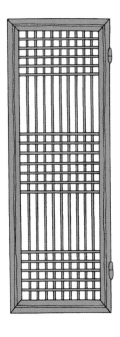

띠살문이라고도 해요. 세로 살은 꽉 채우고 가로 살은 위 아래와 가운데에만 5~7대 정도 있는 문이에요. 한옥에서 가장 흔하게 볼 수 있는 문이지요.

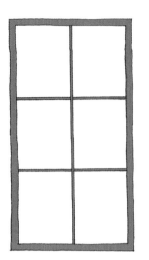

용자살문

집 안의 미닫이 문으로 많이 쓰였고, 특히 양반들의 사랑채에 많이 쓰였어요. 문살을 절약하기 위해서 많이 사용하기도 했지요.

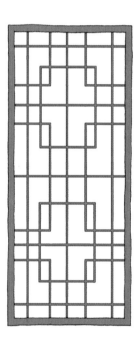

완자살문

화려한 무늬가 돋보이는 문으로, 안방에 많이 사용했어요.

꽃살문

절에서만 사용한 문이에요. 문살의 모양과 색깔이 아름답고 화려하지요.

꽃살문을 만들었는데, 색을 다 칠하지 못했어요. 여러분이 어울리게
색칠해 주세요.

장지문

문살이 보이지 않게 살대 안팎을 종이로 감싸 바른 문이에요. 창호지를 한 쪽만 바른 '명장지문'은 빛이 들어오게 할 수 있고, 창호지를 양쪽 면에 모두 바른 '맹장지문'은 빛을 막는 효과가 있어요.

맹장지를 바른 장지문

판문

나무 판자로 만든 문을 모두 판문이라고 해요. 대문과 부엌문 등이 판문에 포함되지요.

판문으로 만든 대문 안쪽 모습

5. 흔들흔들 창

한옥의 창은 2겹, 3겹 또는 4겹까지 만들어요. 한옥은 창과 문의 크기가 비슷해서 둘을 구분하기 어려워요. 창 밑에는 머름이 있는 경우가 많아요. 머름은 문이나 창 아래 문지방을 높이기 위해 만든 것으로, 방 안으로 들어오는 찬 공기를 막아 주지요.

 다음 중 어떤 것이 창일까요?

머름

사창

부잣집에서는 여름이면 창호지 대신 올이 굵은 비단을 바른 사창을 달았어요. 사창은 통풍이 되면서 모기나 나방을 막아 주는 방충창이에요.

❸ 장정

눈꼽째기 창

방문 옆에 달린 아주 작은 창을 말해요. 추운 겨울 밖을 살필 때 썼어요. 사람의 얼굴 크기 정도로 작은 창이지요.

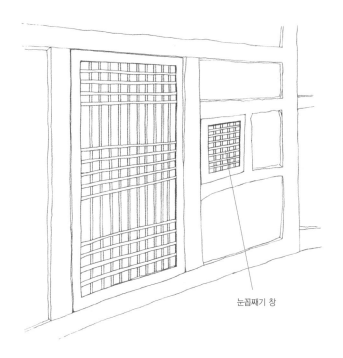

눈꼽째기 창

 제2전시관의 초가집과 기와집 전시물을 보고 답해 보세요.

1. 초가집의 방문은 어떤 문인가요?

❶ 세살문 ❷ 판문 ❸ 용자살문 ❹ 만살문

2. 기와집의 대청마루에 있는 문은 어떤 문인가요?

❶ 세살문 ❷ 당판문 ❸ 용자살문 ❹ 만살문

❷/❶ 정답

60

놀라운 인체 공학적 설계

한옥의 방은 현대 주택에 비해 천장이 낮은 것을 알 수 있어요. 하지만 마루의 천장은 훨씬 높지요. 천장의 높이나 창과 문의 높이는 어떻게 정했을까요? 조상들은 우리 나라 사람들의 평균 키를 기준으로 높이를 정했어요.

또, 방은 주로 앉아서 생활하는 곳이므로 천장을 낮게 하고 창도 앉은 사람의 눈높이에 맞춰 냈어요. 반면 마루는 서서 지나다니는 통로이자 많은 식구가 모이는 곳이므로 천장을 높게 하고 넓게 트인 공간으로 만들었지요.

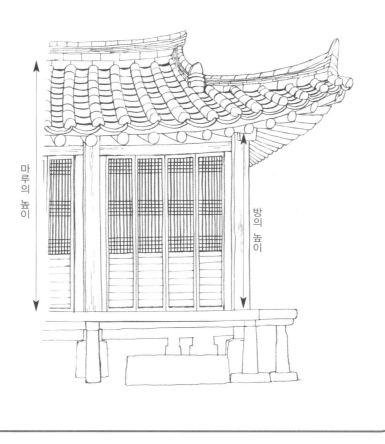

마루의 높이

방의 높이

알쏭달쏭 십자말풀이

가로 열쇠

1. 방바닥 위에 바르는 종이. 이것을 깔고 기름칠을 해요.

2. 우리 대문의 잠금 장치.

3. 기둥과 기둥을 앞뒤로 연결하는 가장 큰 들보.

4. 말을 기르는 집.

5. 방에 덧달아 낸 조그만 마루로, 툇기둥이 있음.

6. 수키와의 처마 끝에 다는 마구리기와.
7. 구석기 시대에는 집을 짓지 않고 이 곳에서 생활했어요.
8. 왕이 살았던 커다란 집.
9. 나무를 기와처럼 켜서 지붕을 이은 집.
10. 우리 나라의 전통적인 난방 방법.
11. 지붕 재료 중 하나로, 흙으로 빚은 다음 구워서 만들어요.
12. 불을 땔 때 연기가 빠져 나가도록 만든 것.
13. 창호지 대신 비단을 발라 여름철에 방충망으로 사용한 창.
14. 짚으로 외벽을 만들어 추위를 막은 집. 울릉도에서 볼 수 있어요.
15. 커다란 집 안에 건물을 구분하기 위한 담이 있는 경우, 그 담에 내는 문.
16. 사방이 탁 트이게 높이 지은 집. 큰 나무나 연못 옆에 지었어요.
17. 주춧돌과 기둥의 밑면이 꼭 맞도록 나무 기둥 밑면을 깎는 일.

세로 열쇠

1. 불길이 지나가는 고래 위에 이것을 깔고, 그 위에 장판을 발라요.
2. 나무 판자로 만든 문.
3. 폭이 좁고 긴 마룻장을 한 줄로 이어 붙여 깐 마루.
4. 화장실을 옛날에는 이렇게 불렀어요. 방, 부엌과는 멀리 떨어져 있었지요.
5. 암키와의 처마 끝에 다는 마구리기와.
6. 곡식을 널어 놓거나 아이들이 뛰어 노는 곳. 혼례식도 이 곳에서 열렸어요.
7. 여기에 불을 때서 음식도 만들고 방도 덥히지요.
8. 나무 껍질로 지붕을 만든 집.
9. 나무 기둥이 썩지 않고 오래 가게 하기 위해, 이것을 놓고 그 위에 기둥을 올려요.
10. 방 문 한쪽에 낸 팔각형이나 사각형의 창.
11. 기와 조각을 켜켜이 쌓고 사이사이에 흙을 발라 만든 굴뚝.
12. 볏집으로 지붕을 만든 집.
13. 나뭇가지로 엮어 만든 대문.
14. 앞뒤, 양옆 네 면이 모두 경사진 지붕이에요. 초가집 지붕도 이 형태지요.
15. 7량집에서 대들보와 종보 사이, 중간 층에 놓이는 보.
16. 땅으로부터 지붕의 무게를 받치는 뼈대. 반드시 수직으로 세워야 해요.
17. 집을 짓기 전에 '달고'로 집터를 다지는 기술.

정답

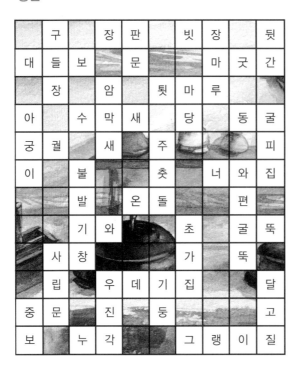

	구		장	판		빗	장		뒷
대	들	보		문			마	굿	간
	장		암		툇	마	루		
아		수	막	새		당		동	굴
궁	궐		새		주				피
이		불			춧		너	와	집
		발		온	돌		편		
		기	와			초		굴	뚝
	사	창				가		뚝	
	립		우	데	기	집			달
중	문		진		둥				고
보		누	각			그	랭	이	질

우리 옛집을 볼 수 있는 곳